RESPIREZ POUR MIEUX VIVRE

Sandra et Olivier
STETTLER

RESPIREZ POUR MIEUX VIVRE

Des exercices simples pour votre quotidien

Jouvence

Des mêmes auteurs aux Éditions Jouvence :
Le Secret des automassages chinois

Dans la même collection aux Éditions Jouvence :
Chasser les mangeurs de temps, Cindy Chapelle
Mieux se comprendre grâce au Cercle de famille, Jacques Lalanne, Christian Bokiau et Joëlle Roberfroid
Intuition et prise de décision, Catherine Balance
La Gratitude, Rosette Poletti
Changer de vie et devenir coach, Magali Mertens de Wilmars
La Communication NonViolente au quotidien, Marshall B. Rosenberg
L'Art-thérapie au quotidien, Sylvie Batlle

ÉDITIONS JOUVENCE
Suisse : Route de Florissant 97, 1206 Genève
France : BP 90107, 74161 Saint-Julien-en-Genevois Cedex
Site Internet : **www.editions-jouvence.com**
E-mail : info@editions-jouvence.com

Catalogue gratuit sur simple demande.

Maquette de couverture : François Lamidon
Couverture : Frank Pitel
Mise en pages : SIR
Schémas : atelier Weidmann

ISBN : 978-2-88953-709-9

Sommaire

Que peut vous apporter ce livre ?

Ce livre développe une méthode originale pour gérer au quotidien vos états d'être : la Méthode IRIS®. Elle repose sur quelques principes et techniques simples et efficaces. Conçue pour répondre aux besoins et aux rythmes de la vie moderne, elle viendra s'intégrer en douceur dans votre quotidien et vous permettra ainsi de :

- mieux gérer vos états d'être ;
- être moins influencé par les conditions extérieures ;
- savoir transformer le stress en énergie positive ;
- vous libérer des idées noires, des émotions négatives, des schémas répétitifs ;
- découvrir l'utilisation des couleurs, de la pensée positive ;
- apprendre à vous détendre et à respirer consciemment ;
- avoir une humeur moins fluctuante.

Nous vivons de nombreux états d'être dans une même journée. L'état d'être d'une personne est la résultante d'un ensemble de facteurs : l'état de ses pensées, ses émotions, son comportement et celui de la vitalité de son corps. L'état d'être peut se révéler positif, constructif pour une personne et son entourage, ou bien négatif et destructeur.

Prenons quelques exemples.

- Vous rencontrez une amie proche qui vous annonce son mariage. Elle déborde de joie, de projets… vous sentez son enthousiasme qui vous gagne peu à peu, vous rend gai et positif.
- Vous rencontrez maintenant un ami qui vient d'apprendre son licenciement. Il est triste, abattu et en colère… Vous sentez son pessimisme et sa morosité qui s'abattent progressivement sur vous et vous plongez peu à peu dans le doute et l'anxiété.

Ainsi, au fil de vos rencontres externes comme dans les exemples cités ci-dessus, ou de vos rencontres internes avec vos émotions et vos pensées, vos états d'être fluctuent, se succèdent, vous laissant tantôt des impressions de bien-être, tantôt de malaise.

L'objectif étant, vous en conviendrez, d'augmenter les moments de votre vie au cours desquels vous êtes dans un état d'être positif et de diminuer ceux au cours desquels vous êtes dans un état d'être négatif.

Que se passe-t-il lorsque nous sommes dans un état d'être négatif?

En général, nous sommes passifs face à cet état, nous le subissons. Il nous faudra attendre que d'autres événements, d'autres pensées nous fassent basculer dans un état plus positif… nous vivons ainsi une alternance de hauts et de bas, une fluctuation permanente de l'humeur.

La démarche que nous vous proposons est simple et se déroule en trois temps.

① Repérer ces moments négatifs, parasites.
② Pratiquer la technique recommandée pour les transformer positivement.
③ Observer les résultats obtenus.

Que se passera-t-il si vous suivez cette démarche ?

Vous apprendrez à transformer ces moments négatifs en énergie positive. Plus vous pratiquerez, plus vous y parviendrez rapidement et durablement. Il est vrai que cela peut paraître un peu difficile, surtout au début : moins ressentir d'états négatifs… Nous sommes tellement habitués à vivre ces hauts et ces bas ! Mais nous sommes certains qu'avec un peu de persévérance, vous y parviendrez facilement et y prendrez goût rapidement.

Vous trouverez à la fin du livre le guide pratique de la Méthode IRIS® dans lequel nous décrivons les 21 principaux états d'être négatifs. À chacun d'eux, une pratique est associée. Les techniques de cette méthode combinent l'utilisation de la détente, la respiration, la couleur et la pensée positive. Chaque domaine est abordé séparément avec un développement théorique et une pratique adaptée. Il est donc important de suivre les différentes étapes de cette méthode.

Lorsque vous commencerez à pratiquer, vous développerez la sensation qu'un arc-en-ciel s'installe à l'intérieur de vous, toujours disponible pour vous aider et vous ressourcer.

La déesse de l'arc-en-ciel dans la mythologie grecque s'appelait Iris… c'est pourquoi nous avons donné à cette méthode le nom de cette déesse.

Voici l'histoire que raconte la mythologie :

Les dieux organisèrent une réunion de toutes les fleurs. Elles arrivèrent toutes dans leurs plus beaux atours sauf une, la plus malheureuse du Royaume des fleurs, qui parut dans une robe fripée et terne. Héra (Junon chez les Romains, femme de Zeus, le maître de l'Olympe), le cœur ému, lui dit : « Désormais, tu seras vêtue comme moi » et à la réunion suivante la petite fleur se présenta vêtue d'une robe éblouissante, composée de toutes les couleurs de l'arc-en-ciel. Dès lors, elle fut connue sous le nom d'Iris, la fleur de l'arc-en-ciel.

La déesse Iris était, d'après la légende, la fille de la déesse Flore, d'après d'autres, la fille de Thaumas et d'Electra. Elle était la messagère des dieux, et principalement de Héra, comme Hermès (Mercure) était le messager de Zeus (Jupiter). Iris était toujours assise auprès du trône de Héra et prête à exécuter ses ordres.

La légende raconte qu'Iris purifiait Héra avec des parfums lorsque celle-ci revenait des Enfers dans l'Olympe. Héra avait pour elle une grande affection, car elle ne lui apportait que de bonnes nouvelles. Elle était représentée sous la figure d'une gracieuse jeune fille, auréolée des couleurs de l'arc-en-ciel. Les poètes prétendaient que l'arc-en-ciel était la trace de ses pieds lorsqu'elle descendait de l'Olympe vers la Terre pour porter un message. On appelle encore parfois le phénomène céleste de l'arc-en-ciel : écharpe d'Iris.

Mais, l'iris est également la fleur des artistes et des poètes. Dans l'Antiquité, on lui attribuait des propriétés mystérieuses comme celles d'apaiser et de calmer les colères ; de guérir la rage et l'hystérie ; d'abréger l'agonie des gens acculés au suicide ; d'annuler les effets des piqûres des bêtes à venin. À petite dose, sa racine fraîche est excitante, expectorante et diurétique ; à dose plus forte, elle produit des évacuations de l'estomac et des intestins.

L'observation de cette fleur magnifique vous apportera détente et bien-être.

Chapitre 1

La respiration : un ami à découvrir

La respiration est un miroir fidèle...

Dans la Chine antique, les maîtres de qi gong et d'arts martiaux faisaient passer un étrange test aux personnes qui souhaitaient recevoir leurs enseignements...

Mais, replaçons-nous dans le contexte. Le qi gong est à la Chine ce que le yoga est à l'Inde, un ensemble de techniques énergétiques dans lesquelles gestes, respirations et intentions sont utilisés en synergie. C'est en quelque sorte une gymnastique énergétique issue des monastères taoïstes. Il regroupe des pratiques en posture statique telle que la méditation et des enchaînements de mouvements.

La légende raconte que le maître du monastère rassemblait et plaçait en cercle dans la cour principale tous les postulants à son enseignement. Il les invitait alors à s'intérioriser... le test fatidique allait commencer. Le maître s'approchait et plaçait pendant quelques minutes une fine plume d'oiseau sous le nez de chaque postulant! Si la plume bougeait, l'individu était recalé. Si elle restait immobile, le maître consentait à l'accepter parmi ses disciples et à lui enseigner ses secrets.

Pourquoi ce test avec une plume devant le bout du nez des postulants ? Quelles informations le maître cherchait-il à obtenir grâce à elle ? Que souhaitait-il mesurer ?

Si vous faites vous-même cette expérience, vous vous apercevrez qu'il est fort difficile de ne pas faire bouger la plume d'un millimètre. Mais, pourquoi ce test sur la respiration plutôt qu'un test physique de souplesse ou d'endurance, par exemple ?

Pour répondre à cette question, il vous suffit de vous observer dans votre vie quotidienne. Souvenez-vous d'un moment où vous étiez totalement détendu, tranquille, en accord avec vous-même et votre environnement. Comment était alors votre respiration ? Bruyante, saccadée, rapide ou bien paisible, fluide et profonde. Et lorsque vous êtes sous le coup d'un stress ? Souvenez-vous du dernier stress important que vous avez vécu. Comment était votre respiration ? Que s'est-il passé à ce moment dans votre corps ? Dans quelle(s) partie(s) de votre corps avez-vous ressenti le stress, l'émotion ?

Chaque jour nous pouvons observer que notre respiration est un fidèle miroir de notre état d'être. Nous savons tous que le rythme et la profondeur de la respiration varient en fonction de l'effort physique produit. Il en est de même pour nos variations psycho-émotionnelles. Notre respiration est différente lorsque la peur nous assaille, la colère nous monte au nez, la tristesse nous accable ou lorsque nous ressentons la joie et le bonheur qui se diffusent comme une brise légère dans tout notre corps. En réalité, nous pouvons observer que chaque émotion engendre une respiration, une attitude corporelle et un comportement bien particuliers. Pour comprendre les liens qui unissent la pensée, l'émotion et la régulation de la respiration, nous allons plonger quelques instants à l'intérieur de notre tête et étudier brièvement le cerveau humain.

Lorsque l'on observe l'anatomie d'un cerveau humain pour la première fois, on peut facilement être dérouté. Que signifient en effet tous ces replis, toutes ces structures se chevauchant les unes les autres ?

Comme tout organisme ou organe biologique, la forme du cerveau s'éclaire et prend tout son sens lorsqu'on la considère à la lumière de l'évolution.

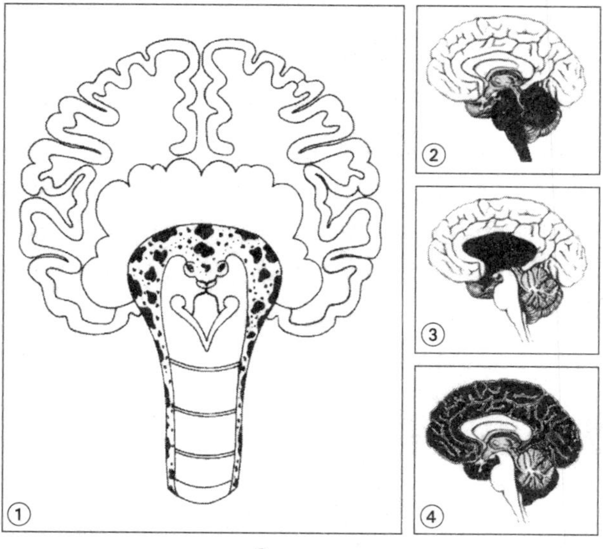

Cerveau…
① Triunique ② Reptilien ③ Limbique ④ Néocortex

La façon la plus synthétique de concevoir la structure du cerveau en relation avec son histoire nous vient de Paul MacLean et de son fameux « cerveau triunique ». Pour MacLean, trois cerveaux distincts, apparus successivement au cours de l'évolution, cohabitent en nous.

Un **cerveau « reptilien »**, le plus ancien, qui assure les fonctions vitales de l'organisme en contrôlant : la fréquence cardiaque, la respiration, la température corporelle, l'équilibre, etc. Il comprend le tronc cérébral et le cervelet, c'est-à-dire essentiellement les éléments qui constituent le cerveau d'un reptile. Parmi les comportements rencontrés chez les reptiles et toujours présents chez l'homme, nous trouvons tout ce qui implique l'autoconservation, l'établissement et la défense du territoire. Ce qui se traduit en particulier par la *volonté de puissance* que Nietzsche considérait comme la force de base vitale de l'univers tout entier. Cet ancien cerveau est donc celui des instincts, des impulsions et des compulsions qui en seraient des variantes humaines. MacLean estime que le comportement rituel et hiérarchique, que l'on observe aussi bien dans les sociétés industrielles modernes que dans les sociétés archaïques, a une forte composante reptilienne.

Le cerveau reptilien est apparu chez les poissons il y a près de 500 millions d'années. Il s'est ensuite développé chez les amphibiens et a atteint son stade le plus avancé chez les reptiles, il y a environ 250 millions d'années.

Un **cerveau «limbique»**, apparu avec les premiers mammifères, capable de mémoriser les comportements agréables ou désagréables, et par conséquent, responsable chez l'humain de ce que nous appelons les émotions: le désir, la colère, la peur, le chagrin, la joie, la tendresse… MacLean fait cependant remarquer que le système limbique engendre aussi chez l'être humain les certitudes quant aux révélations et aux croyances, qu'elles soient vraies ou fausses, précisant même: «certitudes à composantes affectives puissantes et sans frein». La foi, par exemple, s'élabore à ce niveau et constitue la base de toutes les idéologies.

Le système limbique comprend principalement l'hippocampe, l'amygdale et l'hypothalamus. Il est apparu chez les petits mammifères il y a environ 150 millions d'années.

Un « **néocortex** », qui prend de l'importance chez les primates et culmine chez l'humain avec nos deux gros hémisphères cérébraux. C'est grâce à eux que se développeront le langage, la pensée abstraite, l'imagination, la conscience. Le néocortex est souple et a des capacités d'apprentissage quasi infinies. C'est aussi grâce au néocortex que peut se constituer la culture.

Ce cerveau a commencé sa fulgurante expansion chez les primates il y a à peine 2 ou 3 millions d'années avec l'apparition du genre *Homo*.

Ces trois cerveaux ne fonctionnent pas de manière indépendante, ils ont tissé de nombreuses connexions à travers lesquelles ils peuvent s'influencer mutuellement. Les voies nerveuses qui vont du système limbique au cortex sont, par exemple, particulièrement développées.

Nous venons de voir que la respiration est contrôlée par le cerveau reptilien : l'inspiration se produit par contraction des muscles inspirateurs qui sont stimulés par les neurones inspirateurs. Ces centres inspirateurs ont une activité automatique et rythmique, ils envoient à intervalles réguliers des influx destinés aux muscles inspirateurs. L'inspiration est la phase active de la respiration ; l'expiration est passive, elle se produit grâce au relâchement des muscles inspirateurs qui cessent momentanément d'être stimulés par les neurones inspirateurs.

Cependant, nous avons vu que les émotions et les pensées modifient instantanément la respiration. Physiologiquement, ce sont les centres nerveux supérieurs (limbique et néocortex) qui prennent le relais des commandes. Ce « transfert de pouvoir » est inconscient lorsqu'il s'agit d'une émotion.

Étudions alors maintenant l'un des grands facteurs influant sur notre état émotionnel : le stress. Lors d'un stress, l'organisme enclenche toute une série de réactions grâce à la glande surrénale et à une partie du cerveau limbique : l'hypothalamus et l'hypophyse. Cette dernière est le chef d'orchestre du système neuro-endocrinien, elle est en forme de goutte d'eau sous l'hypothalamus. L'ensemble de ces réactions chimiques a pour but de préparer le corps à lutter ou à fuir face à un danger : c'est la phase d'alarme. L'adrénaline libérée par les surrénales va permettre l'augmentation de la circulation de l'oxygène en direction des muscles et du cerveau et le cortisol permet de son côté un apport accru de sucre, également dans les muscles et le cerveau.

La phase d'alarme a été décrite et étudiée pour la première fois par Hans Selye qui, dans les années 1930-1940, définit le stress comme un *syndrome d'adaptation généralisé* (SGA) face à un agent stresseur. Ce SGA se manifeste par un ensemble de changements et d'altérations biologiques accompagnés des symptômes physiques correspondants et d'un sentiment d'anxiété. Il y a trois phases distinctes.

1. La phase d'alarme correspondant au vécu immédiat de la situation.
2. La phase de résistance, où le sujet tente de faire face.
3. La phase d'épuisement qui marque la décompensation.

De nos jours, les pressions et les agents stresseurs sont majoritairement du domaine du psycho-affectif (divorce, mariage, mutation, changement de situation, hypothèque...). La mise en tension des systèmes pour passer à l'action n'a plus d'exutoire, puisque notre réponse est beaucoup moins physique. Du coup, ces systèmes tournent en sur-régime, un peu comme un véhicule dont le conducteur aurait le pied à fond sur l'embrayage et l'accélérateur en même temps.

Progressivement se manifeste alors la seconde phase du SGA, la lutte face aux stresseurs devient continue, les réactions de stress s'enchaînent, le sujet tente de faire face, c'est la phase de résistance. Si celle-ci se chronicise, il suffira d'un choc, d'un stress suffisamment aigu pour que le sujet franchisse son seuil de tolérance. Il basculera alors, souvent brutalement, dans la troisième phase : la phase d'épuisement.

Le seuil de tolérance ou seuil de résistance est totalement personnel et va conditionner le niveau de réactivité face à un stress ou à une accumulation de stress. Prenons un exemple pour comprendre ce qu'est ce seuil de tolérance : deux individus ayant les mêmes résultats durant l'année scolaire se présentent au baccalauréat. Le premier est à l'aise et en pleine possession de ses moyens, alors que le second est au bord de la crise d'angoisse. Évidemment, ce n'est pas l'événement en soi qui est traumatisant pour le second candidat, l'événement étant neutre par définition. C'est en réalité sa façon d'y réagir, elle-même conditionnée par son histoire personnelle. D'une manière générale, le seuil de tolérance se construit dans l'enfance au même titre que la personnalité, il conditionnera ensuite la réactivité émotionnelle de l'individu.

Pour imager ces trois phases, nous pouvons dire que la phase d'alarme permet à un homme soit de combattre, soit de fuir le danger. Les facteurs de stress psychologique s'accumulant avec le temps, cet homme est toujours en train de courir (symboliquement et physiquement). Il puise dans ses ressources. Si un stress important survient dans sa vie, il aura la force de réagir. Même s'il passe par une légère phase d'abattement, il surmontera l'obstacle… Symboliquement, cet événement le pousse dans le dos, il court alors un peu plus vite pour s'adapter et continuer son chemin. Le problème se pose lorsque cet homme est très proche de son seuil de résistance. Un stress, petit ou grand, peut à tout moment le faire chuter, c'est « la goutte d'eau qui fait déborder le vase ». Les ressources pour s'adapter sont trop faibles et ne lui permettent plus de continuer à courir, il n'a plus ni l'énergie mentale (la volonté) ni les ressources énergétiques corporelles (hormones, oligo-éléments, vitamines) pour pouvoir continuer à résister, il s'écroule… épuisé.

La décompensation vers un véritable syndrome dépressif est une manifestation courante et majeure de cette troisième phase. Elle peut également se manifester par une décompensation d'ordre psychotique (paranoïa, hallucination, schizophrénie...) ou par des accès de violence aiguë (avec ou sans alcoolisme).

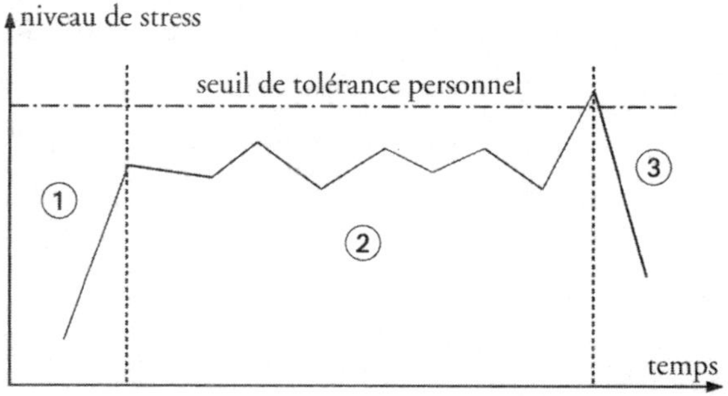

Ce SGA nous montre que le stress est par nature une réponse neutre, ce sont la coloration émotionnelle, le contexte de la situation avec ses différents éléments et le tempérament de l'individu qui détermineront son aspect positif ou négatif.

Une même situation (divorce ou licenciement) sera vécue totalement différemment selon la perception que le sujet en aura. Est-il perçu comme une opportunité, un défi ou au contraire comme un échec, une menace avec risque ? Dans les deux cas, les chaînes de réaction au stress seront activées, mais dans la première éventualité, l'individu sera en mesure de mieux le gérer, d'en réduire l'intensité, alors qu'une personne se trouvant en position d'échec augmentera l'intensité du stress et, en fonction de son seuil de tolérance, pourra décompenser vers un aspect dépressif.

Le stress est donc un « potentiel d'énergie » permettant l'adaptation auquel viendra s'ajouter la coloration émotionnelle. Depuis la nuit des temps, il est le moteur ou le moyen pour l'homme d'évoluer. Il permet notamment d'optimiser son adaptation face aux mutations socio-professionnelles et familiales, et d'exprimer ses ressources créatives.

Quand une réaction de stress débouche sur une adaptation réussie, le sujet vit cette expérience comme un épanouissement : des sentiments de satisfaction et de confiance en soi feront que ce résultat positif facilitera les adaptations successives suscitées par de nouvelles situations. On pourra alors le qualifier de « bon stress » ou de « stress positif ».

Au contraire, une inadaptation entraîne un sentiment de détresse doublé souvent d'un sentiment d'impuissance. Il conditionnera négativement les prochaines situations plus ou moins similaires auxquelles le sujet aura à faire face. Soit il réussira à la transformer un jour en un épanouissement personnel, soit petit à petit, il se constituera dans ses mécanismes psychologiques un scénario d'échec, une boucle mémorielle négative.

Le stress a donc de la mémoire ! Une simple idée nous traversant l'esprit ou la vue d'un objet banal peut déclencher une réaction adrénergique avec angoisse, sueurs froides, palpitations… ce qui peut empêcher d'aller « affronter le facteur stressant ». Comment réagir à cette situation ? Comment gérer nos différents stress au quotidien pour ne pas qu'ils s'empilent, s'accumulent ? Comment augmenter notre seuil de tolérance ?

La meilleure arme pour lutter contre le stress est votre respiration ou plus exactement la capacité que vous aurez à la modifier consciemment. Une partie du travail se fait déjà souvent inconsciemment : à l'annonce d'un événement ou d'un fait stressant, nous avons couramment le réflexe de soupirer. Cela se produit également lorsque la source de stress a disparu, mais le soupir est alors plus profond. Cependant, si le sujet veut avoir un réel impact sur les réactions de stress et leurs composantes biologiques, il est nécessaire d'utiliser consciemment sa respiration. Physiologiquement, ce n'est plus le système limbique qui est aux commandes mais le néocortex. La pensée consciente, grâce à la respiration, permet de calmer le jeu de cette effervescence biologique et émotionnelle. C'est Vous qui reprenez les commandes et non pas vos mémoires qui vous mènent par le bout du nez ! Vous avez alors un sentiment de liberté, vous êtes comme l'oiseau qui s'est envolé. De là-haut, vous disposez d'un meilleur point de vue pour analyser la situation et prendre une décision adaptée.

Symboliquement, nous pouvons dire que cette technique est un travail sur l'élément Air. Le mental est relié à l'air : il peut connaître le beau temps, les nuages ou la brume selon sa météo du moment. Quand nous avons envie de couper avec nos pensées, nos occupations habituelles, nous cherchons à « changer d'air »… lorsque nous nous sentons oppressés psychologiquement, nous « manquons d'air »… Et l'air est bien évidemment en relation directe avec la respiration. Il existe donc un lien direct entre le mental, le néocortex, la respiration et l'air.

Si nous reprenons la conception du cerveau triunique, nous pouvons donner les analogies suivantes :

- néocortex, activités mentales, élément Air ;
- système limbique, activités émotionnelles, élément Eau ;
- cerveau reptilien, activités physiques, élément Terre.

Les émotions, les sentiments sont symboliquement l'expression de l'élément Eau. Pour s'en convaincre, il suffit d'observer la répercussion des émotions au niveau corporel : pleurs, sueurs, diarrhée, sécrétions diverses, mictions... Chaque émotion entraîne un mouvement d'eau. Les expressions populaires manifestent également cette relation : « j'en ai ras-le-bol », « je me sens noyé », « nager en eau trouble », « il me fait pisser de rire », « c'est le brouillard complet »...

Quant aux liens qui unissent la régulation des activités fondamentales de l'organisme (reptilien) à l'élément Terre, ils sont facilement compréhensibles.

En résumé, nous avons vu que la respiration est le reflet fidèle de l'état d'être du moment et qu'elle peut être contrôlée par l'une ou l'autre des trois parties du cerveau, celles-ci étant intimement liées.

Si consciemment nous souhaitons calmer notre respiration, nous allons naturellement allonger l'expiration plusieurs fois de suite. Une quantité d'oxygène moins importante sera alors disponible pour l'organisme. Ce phénomène d'hypoventilation va avoir pour effet de ralentir toutes les activités corporelles. Le corps et l'esprit vont s'apaiser, la respiration va devenir de plus en plus calme, paisible. Le mouvement de l'air sera fluide, lent et léger… jusqu'à sa réduction au strict minimum. À ce stade, les laps de temps entre l'inspiration et l'expiration vont être de plus en plus importants, comme si la respiration s'arrêtait. Cet état va durer jusqu'à ce que l'individu soit assailli par une pensée. S'il ne laisse pas la pensée passer comme un nuage dans le ciel mais l'accroche, un film va défiler devant ses yeux. Comme dans les rêves, son imagination va le porter de pensée en pensée… jusqu'à ce qu'il s'en aperçoive ! À ce moment, si cette personne observe sa respiration, elle va se rendre compte qu'elle est redevenue plus rapide et moins fluide.

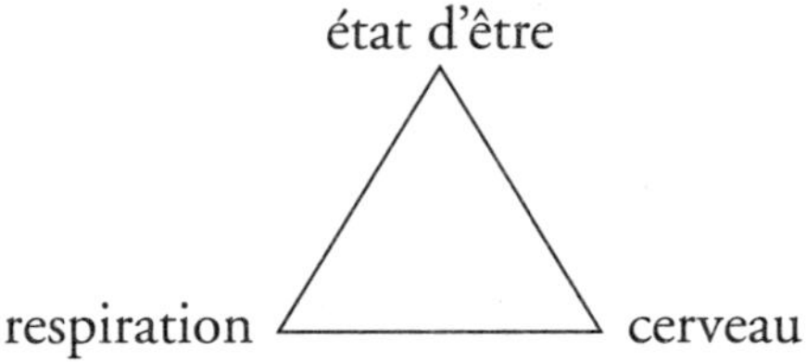

Cette expérience, que chacun peut faire facilement avec un peu d'entraînement, nous montre combien le mental et la respiration sont intimement liés. En Orient, le mental est souvent comparé à un singe cherchant continuellement à saisir des objets pour jouer avec! C'est sans doute pour cela que le maître de qi gong passait une plume sous le nez des postulants. Savaient-ils maîtriser leur mental? Telle était la question du maître à l'élève via la plume, via la respiration.

La respiration naturelle

Vous l'avez compris, notre rythme respiratoire est le fidèle reflet de notre état psychique. Agitation des pensées, peurs, colères, calme mental, bien-être intérieur… se manifestent par un état respiratoire particulier.

Cette prise de conscience dans notre quotidien permet d'agir sur notre état émotionnel en modifiant consciemment notre respiration.

Mais, de quelle respiration parlons-nous? L'observation de la respiration des nouveau-nés, de celle des premiers hommes d'Afrique noire ou d'Amazonie, celle du dormeur profond, celle des animaux en liberté dans la nature, nous amènent à une constatation : tous respirent spontanément par l'abdomen, ils mettent en jeu les trois étages respiratoires et pratiquent spontanément des respirations complètes.

Il s'agit donc de la respiration naturelle. Or, dès la petite enfance, nous apprenons à n'utiliser que la respiration thoracique, voire scapulaire si nous sommes très stressés.

Notre éducation nous apprend à rentrer le ventre et sortir la poitrine pour paraître beau et fort. Cette éducation défiant notre physiologie respiratoire nous prive d'une bonne partie de nos possibilités physiques et psychiques.

De plus, elle bloque notre diaphragme qui est l'un des muscles les plus importants de notre corps. C'est le grand muscle de l'émotion. Le diaphragme sépare l'abdomen du thorax, c'est-à-dire l'étage de la vie rythmique (cardio-respiratoire) de l'étage de la vie métabolique (digestif et urogénital).

Il monte à l'expiration et s'abaisse à l'inspiration comme un piston accompagnant les mouvements pulmonaires. Abaissé, il crée un appel d'air vers les bases pulmonaires et comprime parallèlement les organes intra-abdominaux. À l'expiration, il remonte, libérant ces organes. Ce mouvement régulier occasionne un massage profond et constant du foie, des intestins, du pancréas, des reins, de la rate et des organes génitaux internes, ainsi qu'une bonne circulation sanguine dans tout l'abdomen.

Il est à noter également qu'un sixième de l'oxygénation se fait par la peau. Or, les fibres synthétiques utilisées dans l'habillement, la literie… sont une gêne pour la respiration cutanée normale.

On peut traduire cela par: « Vivre, c'est respirer; pas de respiration, pas de vie. »

En effet, l'oxygène de l'air est indispensable à la vie humaine. On sait qu'à lui seul, le cerveau accapare plus de 30 % de l'oxygène respiré. On sait également, que l'homme moderne n'utilise que 8 % de sa capacité respiratoire.

Néanmoins, la respiration est à la base du développement de nos capacités physiques et psychiques et de la faculté de modifier nos états de conscience. Elle est donc essentielle à notre équilibre physique et mental, ainsi qu'au maintien de notre harmonie.

C'est pourquoi il s'avère indispensable d'apprendre à utiliser correctement notre respiration pulmonaire qui est la plus facile à maîtriser dans un premier temps.

Comment faire? À chaque respiration, l'air doit être inspiré par le nez, car dans les narines se trouvent les « vibrisses » (poils) qui font barrage aux grosses poussières.

Les particules plus fines sont stoppées par le mucus qui évite ainsi l'encrassement inutile des poumons. Les cornets nasaux ont un rôle important dans la régulation thermique et l'équilibre hygrométrique de l'air inhalé.

Par ailleurs, sous les muqueuses nasales et sinusiennes, courent de nombreuses ramifications du nerf trijumeau, provoquant toute une série de réactions-réflexes lors du passage de l'air. Celles-ci jouent un rôle important au niveau du cerveau et du corps en général (en particulier au niveau des fonctions digestives et abdominales par l'intermédiaire du nerf pneumogastrique).

La respiration nasale participe donc à l'équilibre et à l'harmonisation du sujet dans sa globalité.

D'autre part, la sagesse orientale enseigne que le nez permet l'introduction de l'énergie vitale (*prana* des Indous, *qi* des Chinois).

Prenons un exemple concret pour illustrer l'influence du *prana* sur la vitalité : un rhume.

Lorsque nous sommes enrhumés, le nez bouché ne fonctionne plus, mais la bouche (organe de secours) prend le relais. La quantité d'air absorbé est exactement la même. Pourtant, les aliments perdent leur goût. On se traîne, « mal dans sa peau », hypersensible aux variations de température. La résistance générale est affaiblie, les capacités d'attention et de concentration diminuent.

Tout ceci est lié au fait qu'il n'y a plus pénétration du *prana* par le nez.

Pour les Orientaux, le rythme respiratoire conditionne l'absorption d'un type de *prana* particulier. Ils décrivent des qualités vibratoires en relation avec différents états de conscience modifiés.

Exemple : en état de conscience ordinaire (niveau Bêta), l'homme absorbe le *prana* de la qualité la plus grossière ; en état de relaxation (niveau Alpha), la qualité devient plus subtile ; et en état de méditation (niveaux Delta et Thêta), elle atteint une qualité supérieure, il devient un nectar de vie.

Nous devons ajouter également que la fonction respiratoire assure des échanges essentiels au niveau du poumon : absorption d'oxygène, élimination du gaz carbonique. Il faut souligner qu'une respiration insuffisante et mal pratiquée entraîne une mauvaise oxygénation, une privation d'énergie vitale et, en conséquence, une diminution inéluctable de la santé.

Il y a trois étages respiratoires :

- l'étage inférieur ou abdominal ;
- l'étage moyen ou thoracique ;
- l'étage supérieur ou scapulaire.

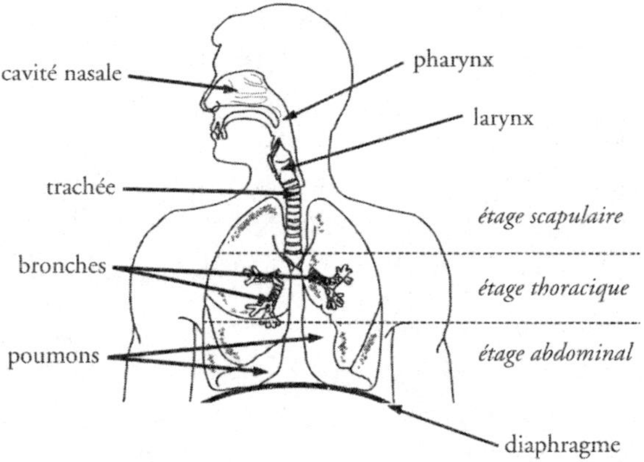

Nous vous invitons à retrouver votre respiration naturelle à l'aide de la fiche pratique n° 1.

Pratique n° 1
La respiration complète

Objectif

Cette respiration met en jeu les trois étages respiratoires. Elle constitue la respiration naturelle de l'être humain.

Protocole

En position allongée sur le dos :

- Posez une main sur votre abdomen, l'autre sur votre poitrine. Celles-ci vont vous servir de témoin, elles vous aideront à sentir ce qui se passe à chaque étage respiratoire.
- Expirez à fond en vidant bien les trois étages.
- Puis, inspirez lentement par le nez en remplissant d'abord l'abdomen qui doit, tel un ballon gonflable, venir pousser votre main. Lorsque votre ventre est bien plein, continuez à inspirer encore de l'air en maintenant le ventre « sorti », afin de remplir votre poitrine. Ensuite, dégagez vos épaules et remplissez-les également d'air.
- Essayez de le retenir quelques instants (c'est ce que nous nommerons l'apnée, ou suspension respiratoire).

...

...

- Puis, expirez lentement en maintenant le plus longtemps possible votre ventre gonflé. Vous viderez d'abord les épaules, puis la poitrine et enfin l'abdomen.

L'exercice au début, peut entraîner quelques vertiges qui disparaîtront peu à peu avec l'entraînement. Ceux-ci sont dus à une hyperoxygénation du cerveau, provoquant une alcalose.

Nous pouvons résumer cette respiration grâce à un moyen mnémotechnique.

Essayez d'imaginer que vous vous remplissez à l'inspiration comme une bouteille, c'est-à-dire par le bas. À l'expiration, vous vous videz également comme une bouteille, soit par le haut.

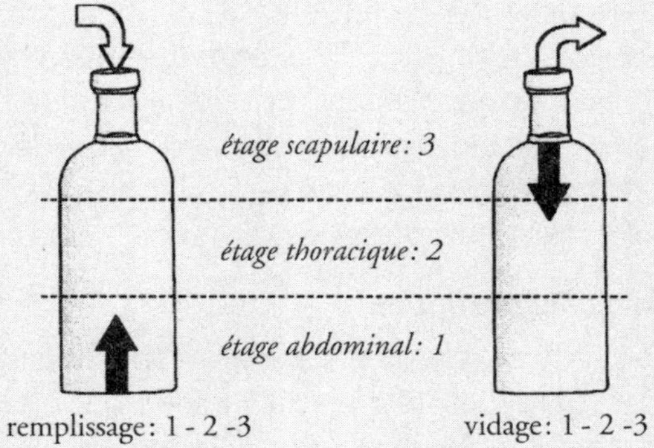

...

…
En résumé, pour effectuer une respiration complète, vous devez :
vider complètement vos poumons, puis inspirer par le nez en gonflant :
① le ventre ;
② la poitrine ;
③ les épaules.

retenir l'air quelques secondes et, ensuite, expirer très doucement en vidant :
① les épaules ;
② la poitrine ;
③ le ventre.

Il est souhaitable de pratiquer cette respiration plusieurs fois par jour, au début allongé pour la mémoriser et l'intégrer plus facilement, puis, assis, debout, en marchant.
Si vous le faites quotidiennement, vous constaterez rapidement un meilleur fonctionnement intestinal, un bon sommeil, une amélioration générale de votre santé et, peu à peu, cette respiration pourra devenir permanente.

Conseils pratiques

La phase de rétention respiratoire ne doit pas s'accomplir en fermant la trachée par une contraction des muscles de la gorge. En réalité la respiration est suspendue. Ceci permet
…

...
de laisser l'énergie et le sang circuler librement dans la zone du cou. Cette subtilité de pratique demande expérimentation et entraînement.
Lorsque vous aurez intégré la respiration complète, naturelle, vous pourrez progressivement vous entraîner aux pratiques nos 3 à 6.
Dix minutes de respiration quotidienne en début d'entraînement sont conseillées.

La synergie rythmique

Le rythme de la respiration pulmonaire est très variable selon l'âge, l'activité mentale et l'effort physique produits. Un adulte ne faisant pas d'effort particulier a un rythme respiratoire d'environ 14 à 20 cycles par minute. S'il est sous l'influence d'une émotion forte, le rythme de sa respiration va augmenter. *A contrario*, s'il se relaxe à l'aide de la respiration complète, celui-ci va naturellement diminuer.

Lors de la pratique de cette technique, deux autres phénomènes physiologiques apparaissent : l'hyperoxygénation provoque une alcalose et la suspension à vide des poumons provoque une acidose. L'alternance alcalose-acidose favorise les modifications de l'état de conscience. Autrement dit, lors de cette pratique, nous pouvons ressentir rapidement que nous rentrons dans un état second, un état proche de l'endormissement. Cet état est nommé par les scientifiques « l'état Alpha » : il est caractérisé par une activité électrique du cerveau en émission d'ondes de type Alpha.

Les ondes cérébrales font partie de la catégorie des infrasons. À l'origine de l'électro-encéphalographie se trouve une observation : un cerveau vivant émet des pulsations électriques périodiques. Grâce au perfectionnement des appareils utilisés, on s'aperçut que l'allure de ces pulsations était différente selon que le sujet était en état de veille ou de sommeil, malade ou en bonne santé… Il devint possible de distinguer entre elles quatre types d'ondes cérébrales.

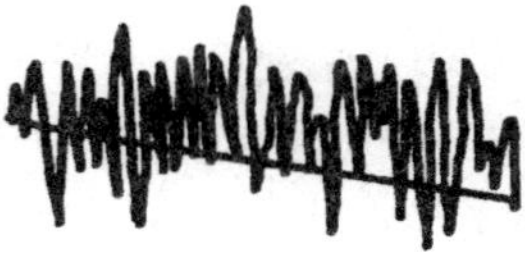

Les ondes Bêta
16 et 33 Hz
(état d'éveil)

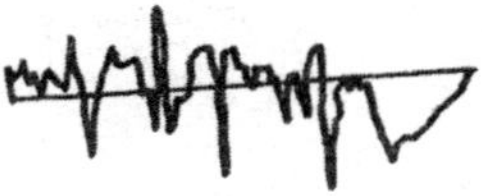

Les ondes Alpha
8 et 16 Hz
(relaxation profonde)

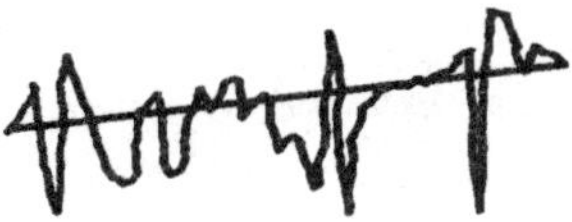

Les ondes Thêta
4 et 8 Hz
(premiers stades du sommeil)

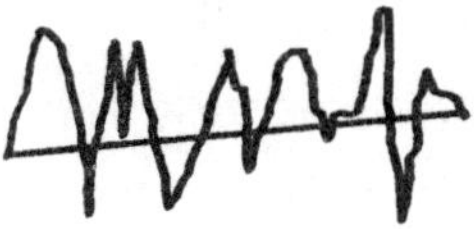

Les ondes Delta
0 et 4 Hz
(sommeil profond)

Jusqu'à l'âge de 3 ans environ, ce sont les ondes Delta qui prédominent. Ensuite, les ondes Thêta viennent se superposer à elles et finissent par les remplacer. Vers 9 ans, apparaissent les ondes Alpha et Bêta. Autrement dit, les ondes cérébrales s'accélèrent au fil de la croissance. Néanmoins, chez l'adulte, les ondes les plus lentes Delta et Thêta font leur apparition durant des phases de somnolence ou de sommeil paisible. On associe également l'activité des ondes Thêta au plaisir serein, à la créativité et à la méditation.

Un adulte, qui est détendu et qui a les yeux clos, mais qui n'est pas endormi, produit des ondes Alpha. L'onde Alpha est une constante de l'activité électrique qui apparaît quand le cortex cérébral ne traite pas une information visuelle et qui disparaît dès que l'on ouvre les yeux. Il y a cependant des gens chez qui les ondes Alpha persistent, même lorsqu'ils ouvrent les yeux et fixent leur attention. Il semble que ces personnes éprouvent généralement de la difficulté face à des représentations mentales imagées, mais qu'elles réagissent d'autant plus fortement aux stimuli provoqués par le toucher, l'ouïe ou les autres sens.

Habituellement, les ondes Bêta signifient que le cerveau est en pleine activité et elles caractérisent la concentration, la tension et la pensée. Certaines personnes ne produisent que des ondes Bêta. L'imagination et la capacité de ces personnes à rester à l'aise dans les structures mentales complexes sont remarquables.

Ces ondes cérébrales peuvent être vues comme une forme de « respiration cérébrale ».

Nous avons vu combien le cerveau, l'état d'être et la respiration sont intiment liés. Plus l'activité du mental est intense, demande des efforts de concentration, plus la fréquence des ondes cérébrales et du rythme respiratoire va augmenter, et inversement.

Il existe également une autre respiration fondamentale dans le corps humain. Cette découverte datant de 1930 revient à Sutherland qui était ostéopathe; il s'agit de la respiration crânio-sacrée. Comme son nom l'indique, il s'agit d'une respiration, de mouvements rythmiques, à une cadence de 10 à 14 cycles par minute entre la tête (crâne) et le bassin (sacrum). Elle est totalement distincte de la respiration pulmonaire. Nous pouvons constater simplement l'existence de ce mouvement en posant délicatement les mains avec les doigts légèrement en éventail sous la tête d'un individu allongé sur un lit. Avec un peu de sensibilité énergétique, on perçoit très bien le mouvement d'expansion et de contraction des os du crâne. On a vraiment la sensation d'un ballon qui se gonfle et se dégonfle. Cette sensation, nous pouvons la retrouver au niveau du bassin. Quand la sphère supérieure se dilate, la sphère inférieure se contracte et inversement. Évidemment, l'amplitude est minime mais perceptible.

Mais, qu'est-ce qui circule entre le haut et le bas du corps ?

Tout d'abord le liquide céphalo-rachidien (LCR). Ce liquide blanc protège et nourrit l'ensemble du système nerveux central, qui baigne dedans. Et qui impulse le mouvement de cette respiration appelée également mouvement respiratoire primaire (MRP) ? « Scientifiquement », nous n'avons pas de réponse. Cependant, il est fort probable que ce mouvement soit induit par ce que les médecines orientales appellent le corps énergétique ou corps éthérique. Ce corps a deux fonctions fondamentales : donner la vie au corps biologique (celui qui est visible) et être le médium de transmission des informations entre le corps et l'esprit (aspect mental et émotionnel de l'être humain). Il est le fondement de toutes les disciplines énergétiques, notamment le qi gong, l'acupuncture, le yoga, l'ayurvéda…

En pratiquant la méditation ou des techniques de relaxation telles que celles présentées dans ce livre, nous pouvons ressentir avec un peu d'expérience ce corps énergétique. Et lorsque nous sentons sa présence, nous nous apercevons que ce corps respire. Cette respiration est beaucoup plus large que celle de l'axe crânio-sacré : elle l'englobe. C'est tout le corps qui respire, mais le rythme est le même. Ce qui nous incite à conclure que l'origine de ce mouvement respiratoire primaire est le corps énergétique.

Résumons maintenant sous la forme du tableau ci-contre les rythmes des trois respirations que nous venons d'étudier chez un adulte. Que peut-on observer ?

Respirations	**Pulmonaire** *en cycle/minute*	**Cérébrale** *en hertz*	**Énergétique** *en cycle/ minute*
Variations	Selon l'effort physique et l'activité mentale	Selon l'état de conscience	Selon l'état de tension intérieure
Rythmes	• inférieur à 10 • 10 à 14 • supérieur à 14	• 0 à 4 (Delta) • 4 à 8 (Thêta) • 8 à 16 (Alpha) • 16 à 33 (Bêta)	• 10 à 14

Nous observons que ces trois respirations ont une plage de fréquence commune : entre 10 et 14, soit la plage de fréquence du corps énergétique. Pour la respiration pulmonaire et crânio-sacrée, l'unité de mesure est la même, en cycle/minute ; et pour les ondes cérébrales l'unité est le hertz, en cycle/seconde. Le rythme des ondes Alpha est donc à l'octave des deux autres respirations (pulmonaire et crânio-sacrée). Ou, pour simplifier, il s'agit de la même note à deux octaves différentes.

Concrètement, cette harmonisation des rythmes corporels qui se produit lorsque l'on est profondément relaxé se traduit par une sensation intense d'harmonie, de bien-être, d'unité. C'est exactement comme si trois instruments de musique se mettaient à jouer la même partition à l'unisson.

Voici une technique qui permet rapidement d'atteindre cet état.

Comme nous l'avons vu au chapitre précédent, deux conditions permettent de passer rapidement d'une activité consciente et concentrée (onde Bêta) à un état de calme intérieur propice au ressourcement (onde Alpha) : la respiration complète et la fermeture des yeux.

Pratique n° 2
La détente en 3 points

Objectif

Se détendre de la tête aux pieds, rapidement, sur trois respirations.

Protocole

- Vous pratiquez cette technique en position assise (cf. « conseil », fiche pratique n° 4) ou debout (cf. « protocole », fiche pratique n° 5)
- Vous inspirez l'air profondément, puis en expirant lentement par la bouche comme si vous souffliez dans une paille, vous relâchez votre menton, votre maxillaire inférieur, le visage, l'arrière de la tête et le cou. Vous prenez conscience de la détente qui s'est ainsi installée sur la zone : tête, visage, cou.
- Vous inspirez une seconde fois l'air profondément, puis sur une expiration lente, vous

...

...

laissez aller vos épaules, vous détendez vos bras, votre thorax et le dos. Vous prenez conscience du relâchement qui s'est opéré au niveau de ces segments corporels.

- Vous inspirez une troisième fois. Sur l'expiration lente, vous relâchez profondément votre ventre, vos jambes et vos pieds.
- Vous avez ainsi, à l'aide de trois points focaux – le menton, les épaules et le ventre – détendu tout votre corps.
- Vous pouvez maintenant, afin de mettre votre esprit au repos, vous concentrer sur votre respiration ; vous vous laissez bercer par ce mouvement doux et harmonieux.
- Pour terminer, vous visualisez un soleil au niveau du plexus solaire (derrière l'estomac) et vous laissez cette chaleur agréable et apaisante rayonner sur tout votre corps.

Conseil

Cette technique ne vous demande que 5 minutes d'entraînement quotidien.

Vous pouvez la pratiquer en position assise dans un premier temps, puis ensuite en position debout.

Afin de mieux comprendre et intégrer cette pratique, voici quelques indications concernant la relaxation.

La relaxation et l'équilibre psycho-corporel

Le terme « relaxation » est utilisé dans le langage courant, il correspond au besoin de plus en plus présent dans nos sociétés stressantes de relâcher, de lâcher prise. Sollicités de toutes parts, agressés par une vie souvent peu adaptée à nos besoins profonds, à nos rythmes biologiques, nous cherchons à maîtriser les situations, à retrouver notre équilibre par divers moyens dont la relaxation fait partie.

Dérivée du latin *relaxatio*, la relaxation peut se traduire par « détente, relâche et repos ». *Relaxatio* dérive du verbe *relaxare* qui signifie « desserrer, relâcher des liens ou un prisonnier, ameublir la terre, relâcher le ventre » (d'où l'importance considérable de la détente de la sangle abdominale dans la respiration et dans de nombreuses méthodes de relaxation).

W. Bonet nous indique que le but de la relaxation est de nous apprendre à retrouver et à maintenir l'équilibre entre le corps et l'esprit pour parvenir à un état minimal de tension.

Pour ce faire, la grande majorité des techniques de relaxation mêlent respiration et détente musculaire, comme la détente en 3 points que vous venez de voir lors de la pratique n° 2.

La respiration utilisée pour accompagner le sujet vers l'état Alpha est la respiration calmante. Mais il en existe d'autres que vous pourrez découvrir grâce aux fiches pratiques nos 4 à 6.

Pratique n° 3
La respiration calmante

Objectif

Elle vous permet de retrouver votre calme rapidement, en toutes circonstances, quelle que soit la position dans laquelle vous vous trouvez. En effet, avec un peu d'entraînement, elle peut se pratiquer allongé, assis, debout ou en marchant.
Dans cette respiration, l'expiration est plus longue que l'inspiration et il n'y a pas de suspension respiratoire.

Protocole

En début de pratique, il sera plus aisé de l'aborder en position allongée, en utilisant comme pour la respiration complète, vos mains en guise de témoins.

- Vous vous allongez sur le dos, les bras le long du corps, jambes décroisées.
- Vous posez une main sur l'abdomen, l'autre sur la poitrine.
- Vous expirez à fond en vidant les trois étages respiratoires.
- Puis, vous inspirez lentement par le nez en remplissant d'abord l'étage abdominal, puis l'étage thoracique, enfin le scapulaire.

...

…

- Ensuite, vous expirez par la bouche le plus lentement possible. Pour vous y aider, imaginez que vous avez devant la bouche une paille dans laquelle vous soufflez doucement. N'oubliez pas pour autant le sens de l'expiration : vous viderez d'abord les épaules, puis la poitrine et enfin l'abdomen.
- Plus votre expiration sera lente et douce, plus votre respiration sera calmante grâce à l'hypo-oxygénation qu'elle produira.
- Après une série de 5 respirations effectuées sur ce rythme, vous pouvez vous concentrer sur une image qui, pour vous, évoque le calme, la détente, l'harmonie. Laissez-vous imprégner par la force tranquille qui s'en dégage. Inspirez tout ce calme, puis expirez doucement, en soufflant dans votre paille. Il peut s'agir d'un lieu, d'un sujet ou d'une couleur.

Conseil

Ne forcez pas l'expiration, vous ne devez à aucun moment être essoufflé(e).

Pratique n° 4
La respiration tonifiante

Objectif

Cette respiration vous permet de vous dynamiser, de vous tonifier lorsque vous êtes fatigué(e) ou ressentez une baisse d'énergie. Dans cette respiration, l'inspiration est plus longue que l'expiration et il n'y a pas de suspension respiratoire.

Protocole

- Vous pouvez effectuer cette pratique en position assise, debout ou en marchant.
- Posez une main sur l'abdomen, l'autre sur la poitrine.
- Expirez à fond en vidant bien les trois étages.
- Inspirez lentement en remplissant l'abdomen, la poitrine et l'étage scapulaire.
- Puis, expirez à fond, d'un seul coup comme si vous souhaitiez éteindre simultanément les 50 bougies posées sur un gâteau d'anniversaire. Votre expiration est donc courte, rapide, tonique.

...

...

- Après une série de 5 respirations complètes effectuées ainsi, vous pouvez vous concentrer sur une image qui, pour vous, évoque l'énergie, le dynamisme. Laissez-vous imprégner par la force qui se dégage de cette image, inspirez-la profondément, puis expirez profondément.
- Vous arrêtez cette pratique lorsque vous sentez l'énergie recirculer librement dans votre corps.

Conseil

Si vous pratiquez en position assise, vos pieds doivent être posés bien à plat sur le sol, votre dos est droit, la tête se trouve dans l'axe de la colonne vertébrale, légèrement étirée vers le haut comme si un fil la tendait vers le ciel. Vous placez vos mains sur vos genoux.

Pratique n° 5
La respiration chauffante

Objectif

- Réchauffer et dynamiser le corps.
- Réchauffer l'abdomen afin de libérer le plexus solaire, centre des émotions.

Protocole

Cette respiration met en jeu les trois étages respiratoires. Il est nécessaire pour pouvoir l'aborder de connaître et maîtriser les respirations calmante et tonifiante.
Elle se pratique de préférence en position debout : les pieds sont parallèles à l'écartement des hanches, les genoux légèrement fléchis pour effacer la courbure lombaire, la tête bien droite dans l'axe de la colonne, les bras le long du corps.

- Alternez 5 respirations calmantes suivies de 5 respirations tonifiantes.
- Répétez ce cycle jusqu'à ce qu'une sensation de chaleur prenne place dans le haut de votre corps.
- Puis, concentrez-vous sur un beau soleil d'été, rayonnant et chaleureux que vous placez au niveau du plexus solaire.
- Laissez-le diffuser sa chaleur bienfaisante dans tout l'abdomen.

Les 3 piliers de l'être humain

Dans l'étude du cerveau, nous avons vu qu'il était structuré en trois étages : reptilien, limbique et néocortex. Ces deux derniers étages, également appelés centres nerveux supérieurs sont divisés en deux hémisphères : le cerveau gauche et le cerveau droit.

Chacun d'eux a des fonctions particulières, bien que celles-ci ne soient pas toujours totalement distinctes.

- L'hémisphère gauche est très doué pour tout ce qui nécessite une perception rapide et séquentielle, la manipulation de concepts abstraits tels que les mathématiques, des opérations de précision ou de structuration (analyse). Il conserve les informations verbales et sonores. Il est qualifié d'auditivo-temporel.

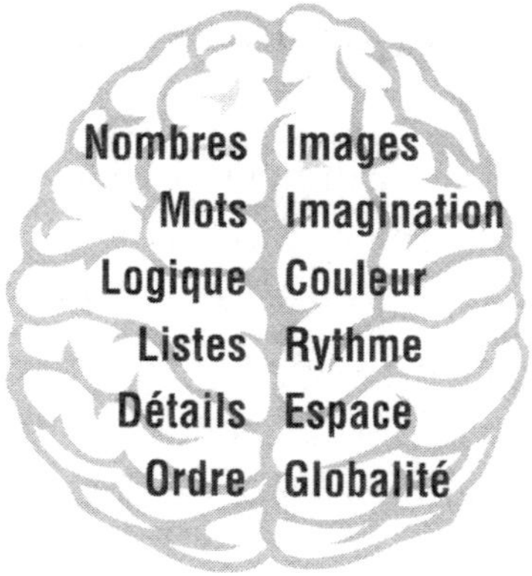

- L'hémisphère droit est très doué pour les choses concrètes, la visualisation d'une image ou d'un objet, des opérations en parallèle, la perception que l'on a de soi-même ou une vue d'ensemble (synthèse). Il est qualifié de visuo-spatial.

Le cerveau gauche, contrairement à certaines idées reçues, est plus développé chez les femmes et le cerveau droit chez les hommes. Ce phénomène est directement lié aux hormones sexuelles (testostérone, œstrogènes, etc.). Ainsi, la femme est plus axée sur le partage verbal et la communication, elle est moins émotive mais s'exprime davantage.

L'homme, de son côté, est plus centré sur l'action et la compétition, il est très émotif mais n'exprime pas ses émotions ; il est plutôt occupé à réfléchir à des solutions, à transmettre des informations… d'où de fréquents problèmes de communication et des sentiments d'incompréhension entre les deux sexes.

Aujourd'hui, des tests existent pour savoir quelle est la partie du cerveau qu'un individu va préférentiellement utiliser (cortical gauche, cortical droit, limbique gauche, limbique droit). Ils sont souvent proposés lors des entretiens d'embauche. On trouve également de nombreux livres proposant de développer le cerveau droit. Le bon sens nous incitera plutôt à développer les deux cerveaux en harmonie. L'essentiel étant que toutes les parties de notre cerveau soient bien intégrées et coordonnées. Il ne nous viendrait pas à l'idée de marcher sur une seule jambe, n'est-ce pas ?… nous n'irions pas bien loin !

Cette notion d'intégration de différentes fonctions est très présente dans les médecines et philosophies aussi bien orientales

qu'occidentales. En Occident, le symbole de la médecine est un caducée : deux serpents entrelacés autour d'un bâton. L'un est blanc, l'autre est noir. Au sommet de ce symbole antique, des ailes se déploient à gauche et à droite. Cette figure symbolise les deux grands courants de la vie, le yin (noir) et le yang (blanc), s'élevant de la Terre pour toucher le Ciel (les ailes).

En Orient, la médecine chinoise comme la médecine ayurvédique reposent sur l'équilibre des éléments. Les yogis (adeptes du yoga) ont décrit depuis fort longtemps qu'à l'intérieur de la colonne vertébrale circulaient trois canaux énergétiques fondamentaux. Ils partent tous trois du coccyx et montent jusqu'à la tête. Comme le bâton du caducée, le canal Sushumna, qui est neutre, équilibré, va monter tout droit jusqu'au sommet de la tête. Le canal lunaire, yin, appelé Ida, va s'enrouler comme le serpent noir du caducée et contrôler la partie gauche du corps. Son pendant, le canal solaire, yang, va comme le serpent blanc s'enrouler également autour de l'axe central et gouverner la partie droite du corps. Ces deux derniers canaux terminent leur trajet au niveau des narines. Ida nadi arrive à gauche et Pingala nadi à droite. Cette connaissance a engendré certaines pratiques respiratoires dans le yoga. Il s'agit simplement de boucher une narine pendant que l'on inspire avec l'autre, puis d'inverser le processus, et ainsi de suite. Cela permet de régulariser les grands équilibres énergétiques entre le yin et le yang, le cerveau gauche et le cerveau droit…

Pratique n° 6
La respiration alternée

Objectif

- Harmonise les deux hémisphères cérébraux.
- Calme le mental.
- Équilibre le yin et le yang dans le corps.

Protocole

Cette pratique s'effectue de préférence en position assise ou debout.

- Fermez les yeux.
- Placez le majeur et l'index de la main droite au milieu du front entre les sourcils.
- Imaginez que votre nez est un toit dont le sommet se situerait au niveau du front sous le majeur et l'index.
- Placez votre pouce sur la narine droite et l'annulaire sur la narine gauche.
- Fermez, obturez votre narine droite à l'aide de votre pouce, laissez la narine gauche ouverte.
- Inspirez l'air par la narine gauche, faites-le monter sur la pente de votre toit, dirigez-le vers le sommet du toit, c'est-à-dire sous votre majeur et votre index délicatement posés au milieu de votre front.

...

…

- Lorsque l'air a atteint le sommet, libérez la narine droite en ôtant le pouce qui l'obstruait et fermez la narine gauche à l'aide de l'annulaire.
- Laissez l'air redescendre la pente du toit à droite, vers l'extérieur.
- L'air a ainsi parcouru les deux côtés du toit en passant par le sommet.
- Recommencez du même côté : réinspirez donc à droite, dirigez l'air vers le sommet. Obturez la narine droite, libérez la gauche, laissez l'air redescendre la pente via la narine gauche…

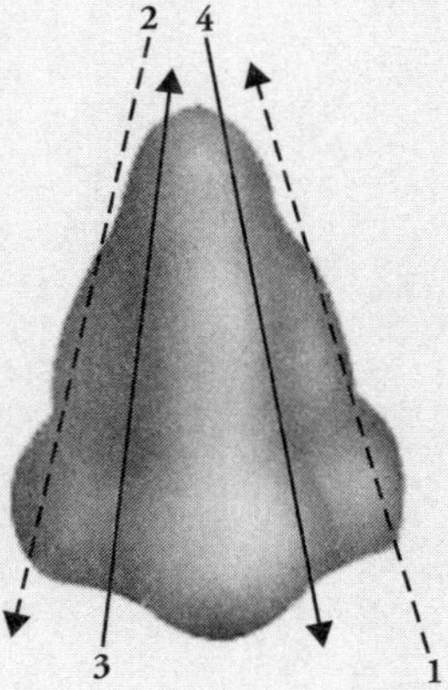

- Poursuivez la pratique jusqu'à ce que vous sentiez le calme mental s'installer en vous.

Chapitre 2

L'énergie des couleurs

L'impact des couleurs sur notre vie

« Couleur rime avec humeur. » C'est ce que nous enseigne la chromothérapie (thérapie par la couleur): à chaque couleur est associé un type d'émotion bien défini. Nous utilisons tous les jours des expressions qui rendent compte du lien entre une couleur et une émotion : rire jaune, broyer du noir, voir rouge, être vert de rage, voir la vie en rose, avoir une peur bleue, le vert de l'espoir… Chaque couleur a son champ d'action à l'intérieur de notre palette émotionnelle. Tel un peintre, nous choisissons plus ou moins consciemment les couleurs qui nous correspondent psychologiquement, à la fois dans notre lieu de vie mais également au quotidien dans le choix des vêtements que nous portons. Nous avons tous des habits, des couleurs que nous aimons porter tout simplement parce que nous, nous sentons bien, nous nous sentons mieux vêtus ainsi. Si vous vous mettez à l'écoute de vous-même le matin avant de vous habiller, vous allez naturellement sentir quelles sont les couleurs qui vous conviennent pour cette nouvelle journée. La couleur est comme une nourriture pour le corps émotionnel. Si vous vous sentez fatigué, mettez du rouge consciemment. Vous vous apercevrez que vos vêtements vont vous donner de la vitalité… et si vous n'aimez pas le rouge, choisissez un orangé, il vous apportera de l'énergie et un côté joyeux, spontané. Ce petit exercice quotidien est formidable pour développer l'écoute de soi. Point besoin de temps, même si le réveil « a oublié » de sonner : il suffit de vous poser la question : « Quelle couleur ai-je besoin ou envie de porter aujourd'hui ? » Avec le temps, vous deviendrez de plus en plus sensible à l'influence de la couleur.

Cette relation entre la couleur et les émotions est connue depuis toujours par les hommes qui ont développé la faculté de clairvoyance. Celle-ci permet de voir notamment le corps émotionnel d'une personne. Ce corps est comme une bulle, un œuf de lumière très coloré qui entoure le corps physique à une soixantaine de centimètres en moyenne. Un clairvoyant n'a pas besoin d'ouvrir les yeux pour voir l'aura ; il situe son organe de perception interne au centre du cerveau à proximité de la glande pinéale. Edgar Cayce fut l'un des clairvoyants les plus connu au siècle dernier. Il nous a laissé de nombreux témoignages dans ses ouvrages. Dans l'un d'eux, il raconte qu'il est né avec cette faculté et qu'il a mis longtemps avant de s'apercevoir que tout le monde n'avait pas la même « vision des choses ». Il décida alors d'étudier de manière plus approfondie les relations entre les couleurs de l'aura d'une personne et sa psychologie, son contexte émotionnel du moment. Il ajoutait également : tout être humain voit les auras inconsciemment. Cela se manifeste par exemple quand nous disons à quelqu'un : « C'est joli ce que tu portes, ça te va bien… elle te va bien cette couleur » ou bien « ça ne te va pas du tout… tu portes très mal le rouge », etc. Nous évaluons ainsi l'harmonie des couleurs entre celles de l'aura et celles de la tenue vestimentaire.

Les propriétés énergétiques des couleurs

Vous trouverez ci-dessous pour chaque couleur, les mots-clefs de l'énergie qu'elles véhiculent, leurs actions principales sur le corps et la psyché, et ensuite quelques éléments d'interprétation des couleurs dans l'aura. Les couleurs sont indissociables de l'aura. Le mécanisme d'action de l'énergie des couleurs passe principalement par le corps émotionnel et non pas par la perception visuelle (avec les yeux). Lorsque l'on travaille avec la couleur, il n'est pas nécessaire de la voir extérieurement. Cependant, si vous avez quelques difficultés à visualiser les couleurs, pensez à des objets communs tels une orange, le ciel, la nature… et la couleur viendra spontanément.

Le rouge

Le rouge est la couleur de l'énergie, du dynamisme et de l'activité. Appliquée au corps, cette couleur va réchauffer, apporter du yang, favoriser la multiplication des cellules, améliorer la circulation sanguine, soigner certains états inflammatoires et augmenter le désir sexuel. En effet, le rouge est également la couleur du désir, des passions, de l'égoïsme. Dans l'aura, un rouge foncé sera signe de colère, un rouge clair, d'énergie dynamique.

Le rose

Le rose est la couleur de l'affectivité, de la tendresse. Le désir du rouge est adouci par le calme, la sincérité et la profondeur des sentiments, symboles du blanc. Appliqué à l'aura humaine, le rose va régulariser l'équilibre du système nerveux végétatif. Sa présence dans l'aura est très fréquente chez les enfants ou lorsque l'on rit de bon cœur.

L'orange

L'orange est la couleur du mouvement, de la danse et de la joie. Plus doux et lumineux que le rouge, l'orange permet de supprimer les stagnations d'énergie et a un fort pouvoir dynamisant sur la vitalité, notamment aux niveaux respiratoire et digestif. Dans l'aura, elle peut exprimer l'enthousiasme, l'ambition ou l'orgueil selon ses nuances.

Le jaune

Le jaune est la couleur du mental, de la faculté de discernement, d'analyse. Ainsi, elle permet quand on l'utilise d'avoir les idées claires, d'apporter la compréhension des mécanismes émotionnels et donc de favoriser la gestion des émotions. Sur le corps, son action se porte sur les systèmes nerveux, digestif et musculaire. Une aura dominée par le jaune sera signe d'une grande intellectualité et de la capacité à trouver des idées (les ampoules dans les bandes dessinées !).

Le vert

Le vert est la couleur de l'équilibre, de l'harmonie et de la stabilité. Cela lui donne un grand pouvoir de guérison, aussi bien au niveau du corps que de l'esprit. C'est pourquoi la croix des pharmacies est verte et que le vert est porteur d'espoir. Couleur de la nature, elle exprime également l'idée d'abondance et la faculté d'adaptation.

Le turquoise

Le turquoise est la couleur de l'apaisement mental. Lumineux comme le jaune, harmonisant comme le vert et calmant comme le bleu, le turquoise de l'eau de certaines régions du monde nous fait rêver. Cette couleur permet également de dynamiser l'immunité au niveau biologique et psychique (protection).

Le bleu

Le bleu est la couleur du calme, de la paix, de l'espace incommensurable. Son action va rafraîchir, apporter du yin, modérer les réactions au stress. Elle permet également d'améliorer la communication, de développer la créativité. Sa présence dans l'aura exprime le calme intérieur, la religiosité, le dévouement.

L'indigo

L'indigo est la couleur de la profondeur, de l'inconscient. Plus foncée que le bleu, elle invite à s'intérioriser.

Le violet

Le violet est la couleur de la transition, de la transmutation. Elle est la vibration intermédiaire entre le spectre visible et invisible (ultraviolet), le passage symbolique entre la vie et la mort. Elle invite également au respect et à la dignité. Sur l'être humain, elle aura pour effet de stimuler la rate et d'aider à transformer les schémas psychologiques répétitifs. Sa présence dans l'aura manifeste une sagesse et une force d'âme. Cette couleur concilie le rouge et le bleu, la force et la sérénité.

Le blanc

Le blanc est la couleur de la pureté et de la loyauté. Elle a une action de nettoyage aussi bien au niveau du corps (bactéricide) que sur la psyché (clarification). On retrouve cette couleur dans les hôpitaux, les robes de mariée, la neige…

Les 3 niveaux de l'être humain

L'être humain a une constitution tripartite, la tradition chinoise nomme ces trois niveaux : Ciel, Homme, Terre. La position de l'homme véritable est debout, les jambes écartées et les bras tendus vers le ciel. C'est l'homme en X, la croix de Saint-André (*andros* veut dire « homme » en grec).

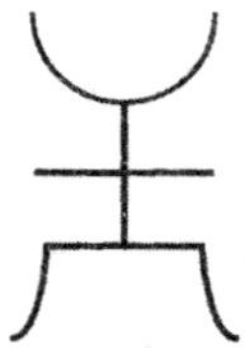

Les mains sont les antennes des énergies du Ciel (cosmique), les pieds celles des énergies de la Terre (tellurique). Entre ces deux extrémités d'émission-réception, l'énergie est transformée par l'Homme : il lui impose sa qualité et sa note vibratoire personnelle.

Ces trois niveaux sont donc :

- la tête ou le système neuro-sensoriel, relié à la pensée et à la conscience de soi (niveau 1) ;
- la poitrine ou le système rythmique, relié à l'identité, aux sentiments, aux relations avec les autres et à l'environnement (niveau 2) ;
- l'abdomen ou le système métabolique, relié aux émotions, aux pulsions et à l'énergie vitale innée (génétique) et acquise (alimentation) (niveau 3).

Comme pour les trois cerveaux et les trois canaux énergétiques principaux, l'important est l'équilibre entre ces trois niveaux corporels. Lorsqu'une personne vit une émotion forte, celle-ci va induire une attitude physique particulière. Quand on est triste, par exemple, les épaules plongent vers l'avant, le dos se voûte, le regard et la tête s'abaissent… le corps s'enroule, se recroqueville autour de la poitrine. La peur, elle, va bloquer la digestion, nouer le diaphragme et le plexus solaire… le ventre se tend, il devient souvent douloureux. Ces éléments, facilement observables au quotidien, nous indiquent le chemin pour changer de contexte émotionnel et rétablir la libre circulation de l'énergie et du sang dans la zone concernée.

Ainsi, selon l'émotion, nous allons pouvoir travailler précisément avec une couleur sur l'un des trois segments corporels. Mais avant de voir en détail les correspondances, voici une technique de travail avec l'énergie de la couleur.

Pratique n° 7
Les couleurs de la vie

Objectif

Harmonise les trois niveaux de l'être grâce à la respiration de couleurs spécifiques.

Protocole

- Installez-vous confortablement en position couchée, assis ou debout.
- Visualisez un soleil jaune vif, brillant de mille feux.
- Inspirez ce soleil jaune et placez-le au centre de votre niveau 3 : le ventre. Le centre de ce niveau est le plexus solaire.
- En suspension respiratoire, concentrez-vous sur la couleur jaune localisée dans votre plexus solaire afin d'intensifier la couleur.
- À l'expiration, laissez cette couleur se dilater, se diffuser et remplir tout le niveau 3.
- Procédez ainsi trois fois afin de remplir intégralement votre niveau.

- Passez au niveau 2 : la poitrine.
- Visualisez un soleil vert, d'un beau vert lumineux.
- Inspirez ce soleil, placez-le au milieu de votre poitrine.

...

...

- En suspension respiratoire, concentrez-vous sur votre soleil vert afin d'intensifier la couleur.
- À l'expiration, laissez cette couleur se dilater, se diffuser et remplir tout le niveau.
- Procédez ainsi trois fois.

- Passez au niveau 1 : la tête.
- Visualisez un soleil bleu, d'un bleu intense et lumineux.
- Inspirez ce soleil bleu, placez-le au milieu du front.
- En suspension respiratoire, concentrez-vous sur votre soleil bleu.
- À l'expiration, laissez cette couleur se dilater, se diffuser et remplir tout le niveau.
- Procédez ainsi trois fois.

- Terminez en visualisant les trois niveaux imprégnés des trois couleurs.

Chapitre 3

Guide pratique de la Méthode IRIS®

Faisons ensemble un petit exercice : souvenez-vous de la dernière fois où vous avez eu le sentiment d'être abattu. Peut-être après une déception ou un échec sentimental, professionnel, familial, sportif. Remémorez-vous maintenant avec précision votre attitude physique et mentale, votre état d'être et répondez sincèrement à ces questions.

- Quel genre de pensées revenait régulièrement ?
- Dans quel contexte émotionnel étiez-vous ?
- Aviez-vous confiance en vous ?
- Aviez-vous une bonne estime de vous ?
- Comment envisagiez-vous l'avenir ?
- Comment vous teniez-vous physiquement ?
- Dans quelles postures votre corps se mettait-il naturellement ?
- Comment était votre regard ?
- À quelle vitesse marchiez-vous ?

Maintenant, faites l'inverse : souvenez-vous de la dernière fois où vous avez eu le sentiment d'avoir réussi ou gagné quelque chose d'important pour vous ou votre entourage. Rappelez-vous avec précision votre attitude physique et mentale, votre état d'être et répondez sincèrement à ces mêmes questions.

- Quel genre de pensées revenait régulièrement ?
- Dans quel contexte émotionnel étiez-vous ?
- Aviez-vous confiance en vous ?
- Aviez-vous une bonne estime de vous ?
- Comment envisagiez-vous l'avenir ?
- Comment vous teniez-vous physiquement ?
- Dans quelles postures votre corps se mettait-il naturellement ?
- Comment était votre regard ?
- À quelle vitesse marchiez-vous ?

Vous venez de faire l'expérience de la puissance de la pensée. Quand la pensée est orientée vers des souvenirs, des objectifs ou des idées positives, le contexte émotionnel et l'attitude physique se modifient. C'est comme un jour de grand soleil, tout est clair et lumineux et vous êtes dans de bonnes dispositions, dans un état d'être positif. Inversement, il y a des jours où intérieurement règne un ciel gris, pluvieux, froid. Comment donc chasser les nuages ?

- En attendant passivement que le temps change ?
- En soufflant dessus ?
- En prenant une échelle pour s'élever au-dessus d'eux ?

Pour changer d'état d'être, nous avons deux solutions : agir au niveau du corps (souffler sur les nuages) et au niveau de l'esprit (s'élever au-dessus des nuages). L'expérience montre que la méthode la plus rapide est celle qui relance la physiologie, la biologie du corps humain. Prenons pour exemple un état d'être proche de celui de votre premier souvenir (déception, échec) : une personne qui se sent triste. On lui conseillera vivement de se changer les idées, de changer d'air, de sortir de chez elle, de faire du sport, d'aller marcher dans la nature, d'aller discuter avec ses amis… En un mot : bouger, respirer pour dynamiser les processus physiologiques de son corps. Son état d'esprit changera alors rapidement. Si c'était un état d'âme superficiel et passager, la méthode « souffler sur les nuages » suffit. Par contre, si l'état d'être est plus profond, une nouvelle vague de tristesse va resurgir un peu plus tard. Il est nécessaire dans ce cas-là de travailler avec la méthode « s'élever au-dessus des nuages ». Ainsi, quand vous êtes dans un état d'être négatif « profond », il est nécessaire de travailler également au niveau de l'esprit. Nous pouvons donc dire que la méthode la plus rapide pour changer d'état d'être est d'agir sur le corps et la méthode la plus durable est d'agir sur le corps et l'esprit simultanément.

Dans la Méthode IRIS® nous vous présentons ces deux méthodes. Agir sur le corps, c'est avant tout changer sa respiration, l'amplifier à l'aide de quelques mouvements respiratoires pour provoquer les changements physiologiques que nous avons vus (cf. chapitre sur la respiration). Agir sur l'esprit, c'est changer les couleurs de son aura et ses pensées. Le travail sur les couleurs va permettre de modifier le contexte émotionnel et par là même, le genre de pensées qui y est associé. Il convient cependant d'agir en plus directement sur ces pensées. Ceci, car la pensée a besoin d'être redirigée, reprogrammée vers un autre objectif. La pensée est comme un programme, une application qui s'exécute automatiquement, c'est elle qui donne la direction. Il suffit donc d'utiliser une technique qui permette de changer la direction vers laquelle nous regardons, nous nous dirigeons.

Cette technique est très simple, il s'agit de la pensée positive ou de l'affirmation positive. Pour qu'elle puisse délivrer tout son pouvoir sur le mental de la personne qui l'utilise, quelques conditions doivent être remplies.

- Les phrases doivent être courtes, formulées au présent et positives. Des affirmations telles que « Je ne me mettrai plus en colère », « Demain, ma peur sera morte », « Je ne veux plus être stressé(e) », « L'angoisse ne m'atteint plus »... ne fonctionnent pas. Il est souvent préférable également de les mettre à la première personne du singulier (« Je »). Ainsi, vous vous sentirez réellement concerné(e). Une autre solution est de construire une phrase où la transformation se fait toute seule (exemple : « Le vent cesse d'agiter mes pensées qui se calment »).

- Il convient de se répéter ces affirmations mentalement ou de les verbaliser, au choix. L'important est de mettre de l'émotion dans ce que vous affirmez et de faire « comme si c'était déjà fait ». Au moment où vous le dites, y croire à 110 % donnera des résultats 10 fois supérieurs que si vous y croyez à 70 %. Vous devez être convaincant vis-à-vis de vous-même : c'est Vous, votre conscience qui donnez les ordres à votre psyché et votre subconscient, et non pas vos mémoires émotionnelles et transgénérationnelles.

- Pour vraiment influencer son subconscient, il est nécessaire d'être en état Alpha. Il est très profitable également de pratiquer les affirmations positives juste avant de vous endormir et au réveil, puisque nous sommes naturellement en état Alpha.

En respectant ces quelques règles et en pratiquant la technique des affirmations positives, vous allez observer des changements qui vous surprendront. C'est exactement comme si vous changiez certains programmes de votre ordinateur ou que vous fassiez des mises à jour de votre système d'exploitation.

Comment gérer vos états d'être au quotidien

Tout au long de cet ouvrage nous vous avons proposé des pratiques vous permettant de réguler vos états d'être au quotidien. Si nous récapitulons brièvement, nous avons vu comment agir sur le corps et la psyché grâce à la respiration, la relaxation, la visualisation créatrice et les affirmations positives.

Nous avons vu également que lorsque vous avez repéré l'état d'être dans lequel vous êtes plongé, le moyen de régulation le plus rapide que vous ayez à votre disposition est de réguler le physique à l'aide de la détente en trois points et de la respiration. Par contre, si vous souhaitez que cette régulation perdure dans le temps, il vous faut réguler également les plans mental et émotionnel grâce à l'utilisation des couleurs et de la pensée positive.

Aspects de l'être humain	**Techniques utilisées**
Plan mental	Pensée positive (affirmations) et relaxation
Plan émotionnel	Visualisation créatrice (couleurs) et relaxation
Plan physique et énergétique	Exercices respiratoires et relaxation

Les 21 principaux états d'être négatifs

Le tableau ci-contre vous présente les 21 états d'être négatifs les plus fréquents chez l'être humain. À chacun d'entre eux est attribué : un type de respiration, une couleur, un niveau et une pensée positive qui vous permettront de modifier positivement cet état d'être en utilisant, en synergie, les différentes techniques abordées dans cet ouvrage. Toutes les pratiques sont basées sur le même modèle :

- elles débutent par une détente en trois points ;
- suivie de trois à dix respirations correspondant à l'état que l'on souhaite modifier ;
- d'un travail avec une couleur sur un niveau ;
- et de la verbalisation d'une affirmation positive.

N°	États d'être	Respiration	Couleur	Niveau
1	Fatigue physique	Chauffante	Orange	Ventre
2	Pessimisme	Tonifiante	Jaune	Tête
3	Tristesse	Tonifiante	Orange	Poitrine
4	Mélancolie	Chauffante	Orange	Poitrine
5	Déprime	Chauffante	Jaune	Poitrine
6	Culpabilité	Calmante	Vert	Poitrine
7	Peur	Calmante	Orange	Ventre
8	Fatigue mentale	Tonifiante	Jaune	Tête
9	Stress, nervosité	Calmante	Bleu	Ventre
10	Anxiété	Calmante	Bleu	Ventre
11	Angoisse	Alternée	Turquoise	Ventre
12	Obsession	Alternée	Turquoise	Tête
13	Agacement, irritation	Calmante	Vert	Poitrine
14	Colère	Calmante	Vert	Poitrine
15	Agressivité	Calmante	Bleu	Poitrine
16	Jalousie	Calmante	Violet	Poitrine
17	Frustration	Calmante	Violet	Poitrine
18	Agitation mentale	Alternée	Turquoise	Tête
19	Difficulté de concentration	Alternée	Jaune	Tête
20	Agitation physique	Calmante	Bleu	Ventre
21	Euphorie excessive	Alternée	Turquoise	Ventre

Il vous suffira de prendre entre 5 et 15 minutes selon la situation et le temps dont vous disposez, pour réguler à l'aide de ces quatre éléments (détente, respiration, couleur, phrase positive) vos principaux états mentaux, émotionnels et physiques.

Les phrases citées pour décrire chaque état d'être ne constituent qu'une phrase-clé parmi d'autres et sont mentionnées à titre d'exemple pour illustrer cet état. Vous pouvez la verbaliser ou la répéter mentalement. Nous vous conseillons d'expérimenter ces deux options et de choisir celle qui fonctionne le mieux pour vous.

État d'être nº 1
« Je me sens fatigué(e) physiquement. »

Faites une détente en trois points. Effectuez trois à dix respirations chauffantes. Vous allez ainsi dynamiser votre ventre, source et réservoir de l'énergie vitale. Puis, inspirez consciemment la couleur orange. Faites descendre cette lumière à l'intérieur de votre ventre, ensuite, diffusez-la sur l'expiration. Continuez sur quelques mouvements respiratoires jusqu'à ce que vous sentiez que votre ventre est rempli de cette lumière colorée. Faites ensuite rayonner cette énergie au-delà de la barrière de la peau et diffusez-la dans votre aura. Prononcez alors mentalement trois fois la phrase positive correspondant à l'état que vous souhaitez atteindre :

« Je me sens en pleine forme,
rempli(e) de vitalité et d'énergie. »

État d'être nº 2
« Tout va mal, je n'arriverai jamais à m'en sortir. »

Faites une détente en trois points. Effectuez trois à dix respirations tonifiantes. Puis, inspirez consciemment la couleur jaune. Dirigez cette lumière vers votre tête, ensuite, diffusez-la sur l'expiration. Continuez sur

...

...

quelques mouvements respiratoires jusqu'à ce que vous sentiez que votre tête est remplie de cette lumière colorée. Faites ensuite rayonner cette énergie au-delà de la barrière de la peau et diffusez-la dans votre aura. Prononcez alors mentalement trois fois la phrase positive correspondant à l'état que vous souhaitez atteindre :

« Je change mon regard en observant tous les points positifs existant dans ma vie. »

État d'être n° 3
« Je me sens triste. »

Faites une détente en trois points. Effectuez trois à dix respirations tonifiantes. Puis, inspirez consciemment la couleur orange. Dirigez cette lumière vers votre poitrine, ensuite, diffusez-la sur l'expiration. Continuez sur quelques mouvements respiratoires jusqu'à ce que vous sentiez que votre poitrine est remplie de cette lumière colorée. Faites ensuite rayonner cette énergie au-delà de la barrière de la peau et diffusez-la dans votre aura. Prononcez alors mentalement trois fois la phrase positive correspondant à l'état que vous souhaitez atteindre :

« Je m'ouvre à la joie. »

...

…

État d'être n° 4
« Je me sens triste à mourir. »

Détente en trois points. Respirations chauffantes. Inspirez la couleur orange. Dirigez-la vers la poitrine. Laissez-la rayonner dans votre poitrine, puis à l'extérieur du corps. Prononcez mentalement votre phrase positive :

« Je laisse le flot de la vie jaillir
de nouveau en moi. »

État d'être n° 5
« La vie n'a aucun intérêt. »

Détente en trois points. Respirations chauffantes. Inspirez la couleur jaune. Dirigez-la vers la poitrine. Laissez-la rayonner dans votre poitrine, puis à l'extérieur du corps. Prononcez mentalement votre phrase positive :

« Visualisez un moment
de bonheur vécu dans le passé,
inspirez tout le positif
se dégageant de cet événement,
associez à ces images la phrase suivante :
la vie est belle. »

…

…

État d'être n° 6
« Je me sens coupable de tout, cette responsabilité m'accable. »

Détente en trois points. Respirations calmantes. Inspirez la couleur verte. Dirigez-la vers la poitrine. Laissez-la rayonner dans votre poitrine, puis à l'extérieur du corps. Prononcez mentalement votre phrase positive :

« Je m'aime et je me pardonne. »

État d'être n° 7
« La peur m'envahit et me paralyse. »

Détente en trois points. Respirations calmantes. Inspirez la couleur orange. Dirigez-la vers le ventre. Laissez-la rayonner dans votre ventre, puis à l'extérieur du corps. Prononcez mentalement votre phrase positive :

« J'avance sans peur et sans reproches. »

État d'être n° 8
« Je me sens fatigué(e) mentalement. »

Détente en trois points. Respirations tonifiantes. Inspirez la couleur jaune. Dirigez-la vers la tête. Laissez-la rayonner dans votre

…

…

tête, puis à l'extérieur du corps. Prononcez mentalement votre phrase positive :

« Je chasse de mon esprit tout souci et me projette positivement dans l'avenir. »

État d'être nº 9
« Je me sens tendu(e) et stressé(e). »

Détente en trois points. Respirations calmantes. Inspirez la couleur bleue. Dirigez-la vers le ventre. Laissez-la rayonner dans votre ventre, puis à l'extérieur du corps. Prononcez mentalement votre phrase positive :

« Je lâche mes tensions
et me sens agréablement détendu(e). »

État d'être nº 10
« Je me sens anxieux(se). »

Détente en trois points. Respirations calmantes. Inspirez la couleur bleue. Dirigez-la vers le ventre. Laissez-la rayonner dans votre ventre, puis à l'extérieur du corps. Prononcez mentalement votre phrase positive :

« Je me sens calme, agréablement calme.
J'ai confiance en la vie. »

…

…

État d'être nº 11
«L'angoisse m'opprime et m'étreint.»

Détente en trois points. Respirations alternées. Inspirez la couleur turquoise. Dirigez-la vers le ventre. Laissez-la rayonner dans votre ventre, puis à l'extérieur du corps. Prononcez mentalement votre phrase positive:

« Je desserre doucement l'étau qui m'étouffe. »

État d'être nº 12
«Je ressasse sans cesse les mêmes pensées.»

Détente en trois points. Respirations alternées. Inspirez la couleur turquoise. Dirigez-la vers la tête. Laissez-la rayonner dans votre tête, puis à l'extérieur du corps. Prononcez mentalement votre phrase positive:

« Je court-circuite mes pensées en me focalisant sur mon corps. »

…

...

État d'être nº 13
« Je me sens agacé(e), irrité(e). »

Détente en trois points. Respirations calmantes. Inspirez la couleur verte. Dirigez-la vers la poitrine. Laissez-la rayonner dans votre poitrine, puis à l'extérieur du corps. Prononcez mentalement votre phrase positive :

« Je me sens léger(légère)
et joyeux(se). »

État d'être nº 14
« La colère me monte au nez. »

Détente en trois points. Respirations calmantes. Inspirez la couleur verte. Dirigez-la vers la poitrine. Laissez-la rayonner dans votre poitrine, puis à l'extérieur du corps. Prononcez mentalement votre phrase positive :

« Je laisse le calme s'installer en moi
et regarde la colère s'éloigner
sur son nuage rouge. »

...

...

État d'être n° 15
« Je me sens sur le qui-vive et agresse tout le monde. »

Détente en trois points. Respirations calmantes. Inspirez la couleur bleue. Dirigez-la vers la poitrine. Laissez-la rayonner dans votre poitrine, puis à l'extérieur du corps. Prononcez mentalement votre phrase positive :

« Je laisse le calme et la douceur s'installer en moi. »

État d'être n° 16
« La jalousie me fait souffrir et me ronge. »

Détente en trois points. Respirations calmantes. Inspirez la couleur violette. Dirigez-la vers la poitrine. Laissez-la rayonner dans votre poitrine, puis à l'extérieur du corps. Prononcez mentalement votre phrase positive :

« Je te fais confiance au-delà des apparences. »

...

…

État d'être n° 17
« Je me sens frustré(e) et impuissant(e). »

Détente en trois points. Respirations calmantes. Inspirez la couleur violette. Dirigez-la vers la poitrine. Laissez-la rayonner dans votre poitrine, puis à l'extérieur du corps. Prononcez mentalement votre phrase positive :

« Je récapitule tout ce qui me comble aujourd'hui dans mon quotidien. »

État d'être n° 18
« Je me sens mentalement agité(e). »

Détente en trois points. Respirations alternées. Inspirez la couleur turquoise. Dirigez-la vers la tête. Laissez-la rayonner dans votre tête, puis à l'extérieur du corps. Prononcez mentalement votre phrase positive :

« Le vent cesse d'agiter mes pensées qui se calment. »

…

…

État d'être n° 19
« J'ai du mal à me concentrer. »

Détente en trois points. Respirations alternées. Inspirez la couleur jaune. Dirigez-la vers la tête. Laissez-la rayonner dans votre tête, puis à l'extérieur du corps. Prononcez mentalement votre phrase positive :

« Je focalise toute mon attention sur… »

État d'être n° 20
« Je me sens agité(e) physiquement. »

Détente en trois points. Respirations calmantes. Inspirez la couleur bleue. Dirigez-la vers le ventre. Laissez-la rayonner dans votre ventre, puis à l'extérieur du corps. Prononcez mentalement votre phrase positive :

« Je mets mon corps au repos. »

…

…

État d'être n° 21
« Je me sens excessivement euphorique. »

Détente en trois points. Respirations alternées. Inspirez la couleur turquoise. Dirigez-la vers le ventre. Laissez-la rayonner dans votre ventre, puis à l'extérieur du corps. Prononcez mentalement votre phrase positive :

« J'exprime ma joie avec modération. »

Conseil

Pour compléter ces pratiques, il est souhaitable de se recentrer. « Être centré » signifie être aligné entre Ciel et Terre. C'est-à-dire connecté à l'énergie du Ciel et ancré dans l'énergie de la Terre, selon l'expression populaire « avoir la tête dans les étoiles et les pieds sur terre ». Vous pourrez trouver trois techniques de recentrage dans notre ouvrage : *Le Secret des automassages chinois* (Genève, Éditions Jouvence, 2022).

Note importante

Si les états d'être décrits précédemment sont chroniques et récurrents ou s'ils persistent malgré tous vos efforts pour les réguler, il est alors nécessaire de consulter un soignant compétent : médecin, psychiatre, psychologue, psychothérapeute... Ces exercices viendront compléter le traitement et/ou le suivi qui vous auront(aura) été prescrit(s), mais ils ne peuvent en aucun cas s'y substituer. Par ailleurs, nous vous rappelons que si vous êtes déjà sous traitement, seul votre prescripteur est habilité à le modifier.

Votre carnet de voyage

Pour vous accompagner dans votre progression de la gestion de vos états d'être, voici un tableau qui vous servira pour noter vos observations et faire le bilan des états d'être que vous vivez le plus fréquemment. Ce carnet de voyage est donc un outil de connaissance de soi et votre journal de la Méthode IRIS®.

Vous pouvez soit photocopier la double page qui suit en l'agrandissant pour pouvoir travailler dessus, soit scanner le QR code ou vous rendre sur le lien Internet ci-dessous et enregistrer puis télécharger gratuitement le même tableau au format A4 :

https://jouvence.ac-page.com/
votre-carnet-de-voyage

Nous vous conseillons de prendre une nouvelle feuille pour chaque mois. Cela vous permettra de mieux mesurer vos progrès.

États d'être	Techniques	Observation
Fatigue physique	Chauffante Orange - Ventre	
Pessimisme	Tonifiante Jaune - Tête	
Tristesse	Tonifiante Orange - Poitrine	
Mélancolie	Chauffante Orange - Poitrine	
Déprime	Chauffante Jaune - Poitrine	
Culpabilité	Calmante Vert - Poitrine	
Peur	Calmante Orange - Ventre	
Fatigue mentale	Tonifiante Jaune - Tête	
Stress, nervosité	Calmante Bleu - Ventre	
Anxiété	Calmante Bleu - Ventre	
Angoisse	Alternée Turquoise - Ventre	
Obsession	Alternée Turquoise - Tête	
Agacement, irritation	Calmante Vert - Poitrine	
Colère	Calmante Vert - Poitrine	
Agressivité	Calmante Bleu - Poitrine	
Jalousie	Calmante Violet - Poitrine	
Frustration	Calmante Violet - Poitrine	
Agitation mentale	Alternée Turquoise - Tête	
Difficulté de concentration	Alternée Jaune - Tête	
Agitation physique	Calmante Bleu - Ventre	
Euphorie excessive	Alternée Turquoise - Ventre	
Mois de ______________________		

Observations	Nombre de pratiques	Bilan
TOTAL		

Conclusion

Vous voici arrivé au terme de cet ouvrage. La Méthode IRIS® est une proposition pour vous aider à mener une existence plus heureuse, plus équilibrée où les hauts et les bas deviennent peu à peu de douces collines et non plus des montagnes russes.

Nous vous souhaitons bonne route et beaucoup de bonheur sur votre chemin arc-en-ciel.

Sandra et Olivier Stettler

Bibliographie

Raymond Abrezol, *Vaincre par la sophrologie,* Annemasse, Vivez soleil Éditions, 1991 (épuisé).

Charly Cungi, *Savoir gérer son stress,* Paris, Éditions Pocket, 2010.

Jack Kehoe, *Mind Power – La Puissance de votre esprit,* Boucherville (Canada), Éditions de Mortagne, 2000.

Jean-Michel Weiss & Maurice Chavelli, *Se soigner et guérir par les couleurs et les sons,* Monaco, Éditions Alphée, 2008.

Sandra & Olivier Stettler, *Le Secret des automassages chinois,* Genève, Éditions Jouvence, 2022.

Le cerveau à tous les niveaux :
http://www.lecerveau.mcgill.ca/flash/index_d.html

Des mêmes auteurs aux Éditions Jouvence :

Le Secret des automassages chinois
Augmentez votre vitalité et votre santé

Les automassages sont pratiqués en Chine depuis des millénaires et leur réalisation quotidienne est très précieuse pour garder la forme. Grâce à cet apprentissage vous découvrirez aussi comment vous détendre rapidement, vous recentrer et surtout réveiller votre guérisseur intérieur. Les exercices simples et efficaces présentés dans cet ouvrage, s'ils sont pratiqués régulièrement, constitueront une action préventive et curative à l'égard d'un grand nombre de désordres physiques et émotionnels.

120 pages • 5,95 €

Sur la même thématique
aux Éditions Jouvence :

10 respirations thérapeutiques
au service de votre santé
La coach-respiration
Jean-Marie Defossez

Il existe d'innombrables manières de respirer et des dizaines de techniques respiratoires. Les dix respirations présentées ont fait l'objet d'études scientifiques et sont reconnues en tant qu'approches thérapeutiques à visée médicale, c'est-à-dire avec un impact démontré sur la santé. Se soigner grâce à ces respirations n'est plus une croyance mais une réalité scientifique. Grâce à ce guide bienvenu, vous définirez selon vos besoins les respirations à privilégier avant de pratiquer et de devenir ainsi acteur de votre santé.

144 pages • 14,90 €

Dépôt légal : janvier 2023
Achevé d'imprimer en décembre 2022
Imprimé en France sur les presses de Laballery
N° d'impression : 211484